LA ESENCIA DEL TOTALITARISMO

RAYMOND ARON

LA ESENCIA DEL TOTALITARISMO

A PROPÓSITO DE HANNAH ARENDT

Traducción de
Luis González Castro

PÁGINA INDÓMITA

Título original:
L'essence du totalitarisme,
publicado por *Critique* en 1954

© *Commentaire,* 2005
© de la traducción, Luis González Castro, 2025
© de la presente edición, PÁGINA INDÓMITA, S.L.U.
Providencia 114 bis, 4º 4ª. 08024 Barcelona
www.paginaindomita.com

Diseño de cubierta y composición: Ángel Uzkiano
Imagen de cubierta: Raymond Aron en 1956
(Studio Harcourt, Ministère de la Culture)
Impresión y encuadernación: Romanyà Valls
Primera edición: noviembre de 2025

ISBN: 978-84-129857-8-8
Depósito legal: C-1324-2025

ÍNDICE

NOTA DE LOS EDITORES FRANCESES

«Sería un error dar por sentado el hecho de la sinrazón humana»: con esta optimista frase concluye Raymond Aron su ensayo de 1954 sobre Hannah Arendt y su libro *Los orígenes del totalitarismo.* Al reeditar este texto a modo de homenaje a nuestro fundador,[1] nos gustaría subrayar algunos puntos. Aron fue el primero en interesarse por el gran libro de Arendt, y fue el único que en Francia mostró interés durante mucho tiempo, porque, para el mundo intelectual francés, la obra era «políticamente incorrecta», ya que identificaba el comunismo soviético y el nazismo alemán como las formas gemelas del totalitarismo. Además, en 1963, Aron fue el primero en publicar un libro de Arendt en francés, *La condición humana,* en la colec-

1. La revista *Commentaire* fue creada por Raymond Aron en 1978. *(N. del E. español)*

ción «Liberté de l'esprit» que él dirigía para la editorial Calmann-Lévy.

Los orígenes del totalitarismo no comenzó a traducirse hasta 1972, y vio la luz en tres libros distintos —*Le Système totalitaire* (1972), *Sur l'antisémitisme* (1973) y *L'Impérialisme* (1982)—, lo que distorsionó la obra y le quitó parte de su fuerza. Hubo que esperar a que Pierre Bouretz publicara una nueva edición en 2002 (Quarto, Gallimard) para disponer de una edición francesa completa en un solo volumen, conforme a las intenciones de la autora. Mientras tanto, Arendt alcanzó poco a poco la cima de su fama. Sus libros, su correspondencia y sus cuadernos han sido ya traducidos. Hoy es mucho más famosa que Simone Weil, quien sin embargo merece mejor fortuna. La posteridad dirá si los intelectuales franceses no fueron alternativamente excesivos en su indiferencia y en su adoración. Una relectura del ensayo de Raymond Aron, a la vez admirativo y mesurado, contribuirá sin duda a apreciar mejor esta obra.

COMMENTAIRE, 2005

PRÓLOGO A LA PRESENTE EDICIÓN

Quizá la virtud suprema de nuestro siglo consista en afrontar la inhumanidad sin perder la fe en los hombres.

RAYMOND ARON, «Liberté de l'esprit»

Raymond Aron y Hannah Arendt, ambos de origen judío, se conocieron en el otoño de 1933 en París, donde la pensadora alemana se había exiliado. Arendt había dejado su país natal después de ser detenida brevemente por los nazis, quienes se habían hecho con el poder en enero de ese mismo año, cuando el presidente Hindenburg había nombrado canciller a Adolf Hitler y se había iniciado la época del Tercer Reich.

Aron era buen conocedor de la situación en Alemania, pues acababa de pasar tres años en el país, donde había sido profesor y asistente en la Universidad de Colonia desde 1930 hasta 1931 y después había residido en Berlín, en la *Französisches Akademikerhaus* (el Instituto Francés). Allí, a pesar de su falta de recursos económicos y de conexiones, había hecho lo que había podido para ayudar a algunos judíos a escapar a Francia, algo por lo que Arendt siempre le guardó aprecio.[1]

Por esas fechas, ambos tenían además una actitud similar frente al antisemitismo.[2] «Si te atacan como judío, debes defenderte como judío», opinaba Arendt.[3] Y lo mismo consideraba Aron:

En lo que concierne al contacto con la Alemania antisemita, destacaría una toma de conciencia y una

[1]. Véanse, por ejemplo: Raymond Aron, *Mémoires. 50 ans de réflexion politique*, Julliard, París, 1983, p. 176; y Elisabeth Young-Bruehl, *Hannah Arendt: For Love of the World*, Yale University Press, New Haven y Londres, 1982, p. 104.

[2]. Y ambos coincidirían también posteriormente en criticar algunos aspectos de la evolución del sionismo y del Estado de Israel.

[3]. Así lo contó posteriormente en la célebre entrevista que le hizo Günter Gaus para la televisión alemana en octubre de 1964: «Me di cuenta de algo que expresé repetidamente a través de esta frase: "Si te atacan como judío, debes defenderte como judío"; no como alemán ni como ciudadano del mundo ni como defensor de los derechos humanos o lo que sea». Véase Hannah Arendt, «¿Qué queda? Queda la lengua materna», en *La última entrevista y otras conversaciones,* Página Indómita, Barcelona, 2016, p. 29.

decisión. Acepté mi destino judío, teniendo siempre claro que no era motivo de orgullo ni de vergüenza; era judío del mismo modo que otra persona no lo era. A partir del momento en que se corre el riesgo de ser perseguido o insultado por ser judío, hay que decir siempre que se es tal cosa, en lo posible sin agresividad, sin ostentación, sobre todo porque no soy religioso.[4]

Ya en París, donde ambos se conocieron, se veían asiduamente, y gracias a Aron, que acaba de conseguir un puesto en la École Normale Supérieure, Arendt y su primer marido, Günther Stern (Anders), pudieron asistir al célebre seminario sobre Hegel que Alexan-

4. Véase Raymond Aron, *El observador comprometido. Conversaciones con Jean-Louis Missika y Dominique Wolton* (1981), Página Indómita, Barcelona, 2019, p. 54. Y, también, pp. 42-43: «El antisemitismo de los hitlerianos era violento. Es evidente que ello tuvo que ver en mi toma de conciencia del nacionalsocialismo. Yo era judío, y lo sabía, pero diría que cuando llegué a Alemania no lo sabía bien. La conciencia de mi judaísmo, como se dice ahora, era extraordinariamente débil. Nunca, o casi nunca, había estado en una sinagoga. [...]. Desde ese año, 1930, me he presentado siempre, ante todo, como judío. En 1934 pronuncié una conferencia sobre nacionalsocialismo en la Escuela Normal Superior y, por primera vez en mi vida, comenté que era judío».

dre Kojève impartió en la École Pratique des Hautes Études y que iba a marcar el pensamiento francés del siglo XX —entre los asistentes se encontraban, entre otros, Sartre, Breton, Bataille, Merleau-Ponty, Lacan y Queneau.[5]

Aron admiraba y apreciaba a Arendt, pero ese aprecio y esa admiración no eran plenamente correspondidos: después de que la autora se estableciese definitivamente en los Estados Unidos en 1941, volvería a encontrarse con el pensador francés en un viaje a París en 1952; es entonces cuando, en una carta fechada el 1 de mayo en esa ciudad, le confiesa a su segundo marido, Heinrich Blücher, lo que sigue:

> Ayer estuve con Camus; es sin duda el mejor hombre que tienen en Francia. Todos los demás intelectuales son, como mucho, tolerables. Y esto, *entre nous,* vale también para Raymond Aron, quien me recibió de forma tan cálida y amistosa que no quiero decir esto en voz alta.[6]

5. Véase Elisabeth Young-Bruehl, *Hannah Arendt: For Love of the World, op. cit.,* pp. 116-117.

6. Hannah Arendt, *Within Four Walls: The Correspondence between Hannah Arendt and Heinrich Blucher, 1936-*

Los dos autores volvieron a coincidir tres años más tarde, en septiembre de 1955, en una conferencia celebrada en Milán por el Congreso por la Libertad de la Cultura, la organización antitotalitaria de la que eran miembros, entre otros, Arthur Koestler y el propio Aron. Allí, Arendt no parecía entusiasmada con la conducta de sus compañeros, a los que veía entregados al hedonismo. El 13 de septiembre le escribe a su marido:

Todo esto es increíblemente escandaloso. Casi se podría pensar que ha sido organizado con el propósito de facilitar la propaganda de los comunistas. Todos se rodean de un lujo inimaginable. Están completamente viciados. Se dedican a hacer turismo, ir de compras y a restaurantes de forma absurda. Bueno, no me hará daño hacerlo. Pero por mucho que una lo intente, no puede tomárselo en serio [...]. Nadie se ha dado cuenta, pero percibo con claridad lo poco que encajo aquí. [...] Y el grupo de los europeos es de la peor calaña. Ayer estuve con Manès Sperber, Raymond Aron y los demás. Todos me mues-

1968, ed. y pról. Lotte Kohler, Harcourt, Inc., Nueva York, 2000, p. 164.

tran el más profundo respeto, y un poco de temor.
Y yo soy amable en exceso con todos ellos, porque
me preocupa que mi desprecio rezume por cada
poro.[7]

¿Se habría sorprendido Aron de haber conocido
estas opiniones de Arendt? Quién sabe, aunque lo
cierto es que, como veremos a continuación, en el ensayo que aquí publicamos, al pensador francés le parece destacable el que a su juicio es un cierto tono de
superioridad por parte de la autora.

Sea como fuere, y tal como han dicho ya los editores franceses en la nota que precede a este prólogo,
Aron fue el primero en interesarse seriamente en
Francia por la obra magna de Arendt. No solo le de-
dicó a *Los orígenes del totalitarismo* en 1954 el texto
de la presente edición, sino que además, en 1963, fue
el primero en publicar un libro de Arendt en francés,
La condición humana, en la prestigiosa colección «Liberté de l'esprit», que desde 1947 él dirigía para la editorial Calmann-Lévy, y donde verían la luz la luz los
libros de algunos de los pensadores antitotalitarios
más destacados del siglo XX, como Claude Lefort y

7. *Ibid.*, p. 269.

Arthur Koestler. De hecho, según la autora, ya en 1952 Aron habría manifestado interés en publicar *Los orígenes del totalitarismo* en dicha colección,[8] aunque finalmente, como se ha observado ya, habría que esperar hasta 1972 para que la obra comenzase a publicarse en Francia, en tres libros distintos —*Le Système totalitaire* (Seuil, 1972), *Sur l'antisémitisme* (Calmann-Lévy, 1973) y, fallecida ya Arendt, *L'Impérialisme* (Fayard, 1982)—. Hasta el año 2002, cuando la publicó el sello Gallimard, no hubo una edición francesa completa en un solo volumen.[9]

Aron comienza su crítica de la obra magna de Arendt subrayando que se trata de un libro «importante» y que «incluso el lector más reacio se sentirá gradualmente cautivado por la fuerza y la sutileza de algunos de sus análisis».[10] No obstante, a pesar de su aprecio y su admiración por la autora, el pensador francés no hace concesiones.

8. Véase la carta de Arendt a su marido fechada en Múnich el 18 de mayo de 1952. *Ibid.*, p. 173.

9. La primera edición en español, traducida por Guillermo Solana y publicada por la editorial Taurus, vio la luz en 1974.

10. Véase, más adelante, p. 31.

En su opinión, el título del libro no se corresponde con su contenido, pues en él Arendt demostraría precisamente que el antisemitismo y el imperialismo de finales del siglo XIX solo en un sentido limitado podrían contemplarse como el origen del totalitarismo moderno. Aron considera que la unidad de la obra es fruto «tanto del estilo de la autora como de los vínculos reales o artificiales entre antisemitismo, imperialismo y totalitarismo».[11]

Entre los aspectos esenciales, el pensador francés critica en primer lugar lo que, a su juicio, como ya se ha dicho, es un cierto tono de superioridad de la autora: «Arendt adopta, sin ser siquiera consciente de ello, un tono de altiva superioridad con respecto a las cosas y las personas».[12]

A continuación, Aron observa que la descripción del antisemitismo moderno ofrecida en el libro no resulta convincente, ni en lo que atañe a su origen ni a sus rasgos distintivos. Así, para Arendt, el hecho social decisivo habría sido la intervención de la «turba», pero a juicio de Aron este concepto de la «turba» empleado por la autora es sumamente confuso.

11. P. 32.
12. P. 34.

Sobre el asunto del genocidio de los judíos, Aron considera más acertado el libro de Léon Poliakov, *Breviaire de la haine. Le III᷎ Reich et les Juifs:*[13]

Su obra tiene todos los méritos de los que carece el libro de Arendt, y no pretende tener los que con tanto entusiasmo se le atribuyen a este último. Hace caso omiso de las paradojas de la historia, no busca dar explicaciones sutiles o profundas, se basa en un examen metódico de los archivos alemanes, describe lo que hicieron los hitlerianos y cómo lo hicieron, cita los informes de las autoridades, las directivas de la Administración encargada de la ejecución.[14]

Asimismo, Aron observa que en las dos primeras partes de *Los orígenes del totalitarismo* Arendt escribe como historiadora y como socióloga, pero en la tercera cambia de método: según la autora, el totalitarismo no se explicaría por las circunstancias sociales o económicas; sería «un régimen sin precedentes en la

13. Léon Poliakov, *Breviaire de la haine. Le III᷎ Reich et les Juifs,* Calmann-Lévy, París, 1951. Poliakov (1910-1997), historiador francés de origen ruso, es célebre por sus estudios sobre el Holocausto, el antisemitismo, el fascismo y el nacionalismo.

14. Véase, más adelante, p. 46.

historia, uno cuya esencia es importante comprender».[15] Aquí, Aron coincide con Arendt en rechazar la interpretación pragmática del comportamiento de los totalitarios, pero discrepa de la pensadora alemana en lo que atañe al caso ruso, a la racionalidad o irracionalidad de la conducta de los planificadores soviéticos —contemplado el asunto desde la perspectiva de dichos planificadores—, y a las diferencias que Arendt establece entre el leninismo y el estalinismo.

Finalmente, Aron aborda el breve ensayo de Arendt «Ideología y terror», que había sido publicado por *The Review of Politics* en 1953 y sería incluido más tarde, desde la edición de 1958, en *Los orígenes del totalitarismo*. En ese escrito, la autora aclara tanto su método como su pensamiento retomando los conceptos de Montesquieu, quien había señalado que todo régimen político tiene una naturaleza y un principio. Para Arendt, el totalitarismo carecería de tal principio, tesis que el pensador francés, a modo de conclusión, considera contradictoria:

> Un régimen que carece de un principio no es un régimen. No es comparable a la monarquía o a la re-

15. P. 51.

pública. Como régimen, existe únicamente en la imaginación de la autora.[16]

Al margen de este ensayo que aquí presentamos, Aron, cómo no, ya había abordado previamente la cuestión del totalitarismo en escritos como «États démocratiques et états totalitaires» (1939)[17] y en el capítulo titulado precisamente «Totalitarismo» de su obra *Les Guerres en chaîne,* publicado el mismo año que la obra de Arendt.[18] (Según el pensador francés cuenta en sus memorias, dicho capítulo era apreciado por la autora y fue quizá inspirado por ella.[19]) Y volvería a abordar el asunto, y en mayor profundidad, sobre todo en su clásico *Democracia y totalitarismo* (1965),[20] obra que reúne diecinueve lecciones que el autor impartió en La Sorbona durante el curso 1957-1958, una

16. P. 68.

17. Se trata de su intervención ante la Sociedad Francesa de Filosofía, el 17 de junio de 1939, publicada por primera vez en el Boletín de dicha sociedad, n.º 2, 1946, pp. 41-42.

18. Raymond Aron, *Les Guerres en chaîne,* Gallimard, París, 1951.

19. *Id., Mémoires, op. cit.,* p. 291.

20. *Id., Democracia y totalitarismo,* Página Indómita, Barcelona, 2017.

de las cuales lleva por título precisamente «Ideología y terror», como el ensayo de Arendt. En dicha obra, el pensador francés vuelve a citar a Arendt al abordar las teorías sobre el parentesco o la oposición entre el totalitarismo soviético y el nacionalsocialista:

> La obra que más sólidamente ha fundamentado la tesis del parentesco es *Los orígenes del totalitarismo*, de Hannah Arendt, quien compara esencialmente la Rusia soviética entre los años 1934 y 1937 y la Alemania hitleriana entre 1941 y 1945. Pero sería injusto confundir la comparación de esos dos periodos, de esos dos terrores, con la comparación del conjunto de ambos regímenes.
>
> Las diferencias y el parentesco entre estos dos totalitarismos son incontestables. Las similitudes están demasiado marcadas para ver en ellas un simple accidente. Por otro lado, las diferencias en la inspiración, las ideas y los objetivos son demasiado evidentes como para admitir sin reservas el parentesco esencial de los dos regímenes. La acentuación del parentesco o de la oposición depende de consideraciones múltiples y no se llegará nunca a una respuesta completamente segura, porque el régimen nacionalsocialista no tuvo tanto tiempo de desarrollarse como el soviético. Este

tiene ya una larga historia y ha pasado por numerosas fases, de forma que es posible comprender el sentido de las etapas sucesivas.[21]

Aron, en suma, considera que el principal criterio de discriminación entre el totalitarismo y el pluralismo constitucional reside en el papel desempeñado por los partidos políticos; es decir, el autor distingue entre regímenes de múltiples partidos y regímenes de partido único. Donde Arendt ve acontecimientos sin precedentes, Aron hace hincapié en la dinámica entre continuidad y «mutación», lógica social y azar, necesidad y accidente, y argumenta que el totalitarismo es histórica y sociológicamente inteligible.[22]

Respecto a estas críticas de Aron a Arendt, dado que ella nunca llegó a responder directamente a las mismas —o al menos no hay constancia de tal respuesta, mientras que sí respondió a otros críticos—, remitimos al lector al volumen de la autora titulado *Sobre la naturaleza del totalitarismo*. Dicho volumen,

21. *Ibid.*, pp. 297-298.
22. Véase Peter Baehr, «Ideology, Terror, and the "Mysterious Margin"», en *Hannah Arendt, Totalitarianism, and the Social Sciences,* Stanford University Press, Stanford (California), 2010, p. 62.

recién publicado por esta misma editorial,[23] reúne dos escritos en los que Arendt, al igual que en «Ideología y terror», esclarece y prolonga *Los orígenes del totalitarismo.* Ambos textos fueron redactados poco después de la publicación de la mencionada obra, y fueron empleados por la autora para los cursos y conferencias que impartió en 1953 y 1954 en diversas universidades y en la New School for Social Research de Nueva York. En ellos, Arendt profundiza de nuevo en el análisis del fenómeno totalitario, de modo que la reunión de ese volumen y este que el lector tiene en sus manos establece un diálogo fructífero entre dos de los grandes pensadores del siglo xx.

El texto de Aron que aquí presentamos se publicó primero, como «L'essence du totalitarisme selon Hannah Arendt», en la revista francesa *Critique,* n.º 80, 1954, pp. 51-70. Después, bajo el mismo título, pero en una versión abreviada, vio la luz en la publicación *Commentaire,* en el n.º 28, del invierno de 1984, pp. 416-425. Y fue reimpreso también en el volumen del autor *Machiavel et les tyrannies modernes,*

---

23. Hannah Arendt, *Sobre la naturaleza del totalitarismo. Dos ensayos de comprensión,* ed. Jerome Kohn, Página Indómita, Barcelona, 2025.

ed. y pról. de Rémy Freymond, Éditions de Fallois, París, 1993. Por último, con motivo del centenario del nacimiento de Aron, volvió a publicarse íntegramente en *Commentaire* como «L'essence du totalitarisme. À propos de Hannah Arendt», en el vol. 28, n.º 112, invierno 2005-2006, pp. 943-954.

Aquí ofrecemos al lector la que parece ser la primera traducción al castellano del escrito. Las notas al pie, salvo allí donde se indica lo contrario, corresponden a la presente edición.

LA ESENCIA DEL TOTALITARISMO

El libro de Hannah Arendt es una obra importante.[1] A pesar de sus defectos, en ocasiones molestos, lo cierto es que incluso el lector más reacio se sentirá gradualmente cautivado por la fuerza y la sutileza de algunos de sus análisis.

Señalemos brevemente algunas objeciones, de importancia secundaria, antes de centrarnos en lo esencial. El título en inglés del libro, *The Origins of Totalitarianism,* no se corresponde con su contenido. La autora demuestra precisamente que el antisemitismo y el imperialismo de finales del siglo XIX solo en un sentido limitado pueden considerarse el origen del totalitarismo moderno. A lo sumo, se vislumbran en ellos los gérmenes de los fenómenos que

1. Hannah Arendt, *The Origins of Totalitarianism,* Harcourt Brace, & Co, Nueva York, 1951.

iban a desarrollarse en nuestra propia época. La obra consiste en tres estudios yuxtapuestos más que en un tratamiento ordenado de un único y mismo problema.

La unidad del libro es fruto tanto del estilo de la autora como de los vínculos reales o artificiales entre antisemitismo, imperialismo y totalitarismo. Los personajes históricos, los países, los partidos y los acontecimientos que aparecen en la obra tienen un aire familiar, como los niños de Velázquez o los personajes de Honoré Daumier o Goya. El estilo de Arendt se parece al de George Orwell en *1984*. La mediocridad o la inhumanidad de todos los que intervienen en el drama son tales que acabamos viendo el mundo tal y como lo presentan los totalitarios, y corremos el riesgo de sentirnos misteriosamente atraídos por el horror o el absurdo descritos. No estoy seguro de que Arendt no se sienta un tanto fascinada por los monstruos que nos presenta, unos monstruos que la autora toma prestados de la realidad pero lleva a su punto de perfección, mediante un pensamiento lógico en algunos aspectos comparable al de los ideólogos que ella denuncia.

Un tono de superioridad

Para encontrar el sentido, o el absurdo, del asunto estudiado, Arendt se apresura a menudo a justificar mediante alguna apostilla, verdadera o falsa, una proposición general cuando menos dudosa. El caso Dreyfus concluyó con una decisión de la Corte de Casación, de todas sus salas reunidas, no con una decisión de la Corte de Apelación, como la autora dice. Y la legalidad de la decisión es al menos discutible.[2] Además, el retrato del capitán Dreyfus está tomado de los escritos que lo atacaban y, que yo sepa, no refleja la realidad. Asimismo, unas meras líneas del libro de Jean Giraudoux *Pleins Pouvoirs* no demuestran que, en materia de «antisemitismo nacionalista», su autor estuviera totalmente de acuerdo con Philippe Pétain o con el gobierno de Vichy.[3] Y, por último, la referencia a un libro escrito por un francés en Estados Unidos durante la guerra no basta para probar que sea cierta la historia del encuentro entre Charles

2. La sentencia de la Corte de Casación anuló el juicio de 1899 y decidió la rehabilitación del capitán Dreyfus sin necesidad de celebrar un nuevo juicio, lo cual resultaba inédito en la historia del derecho francés.

3. Jean Giraudoux, *Pleins Pouvoirs*, Gallimard, París, 1939.

Maurras y un astrólogo que lo habría invitado a colaborar con los alemanes —cosa que Maurras, de hecho, no hizo.

Las observaciones anteriores apuntan a reproches de cierta severidad. Arendt adopta, sin ser siquiera consciente de ello, un tono de altiva superioridad con respecto a las cosas y las personas. Abusa de las palabras «grotesco» y «bufón». Parece esforzarse por no ver los dramas de conciencia que desgarraban a los hombres, aquellos que, por su preocupación por la verdad, eran partidarios de Dreyfus y, por convicción, eran conservadores o militaristas. La interpretación de Arendt del caso Dreyfus deja en el lector francés una impresión contradictoria. El exceso de racionalización, por un lado, y el desprecio por los simples mortales, por otro, dan como resultado la presentación de una humanidad en la que abundan las muecas, una presentación en la que Marie-Georges Picquart y Georges Clemenceau son casi los únicos que escapan al rigor de la historiadora.[4] Y a los

4. Marie-Georges Picquart (1854-1914), militar y político francés, fue una de las figuras clave en la rehabilitación de Dreyfus.

Georges Benjamin Clemenceau (1841-1929), médico, periodista y político francés, fue primer ministro de la Tercera Relectores ingleses también les ha costado reconocer a los imperialistas de su país en la imagen que les presentaba la autora.

La mezcla de metafísica alemana, sociología sutil y diatribas morales conduce a una exageración de las cualidades y los defectos de los hombres y los regímenes (¿son todos los hombres realmente desdichados en un régimen totalitario?), a sustituir la historia real por una historia que es de continuo irónica o trágica: los judíos son perseguidos en el momento en que han perdido toda importancia real; Sudáfrica es conquistada cuando ya no tiene ningún valor estratégico; los individuos y los capitales superfluos salen en busca del más superfluo de los bienes, el oro... Probablemente haya algo de verdad en cada una de estas tesis. Pero podrían expresarse de tal manera que quitaran a la astucia de la razón parte del crédito excesivo que Arendt parece dispuesta a concederle.

---

pública Francesa en dos ocasiones (1906-1909 y 1917-1920). Cuando estalló el caso Dreyfus a finales del siglo XIX, era redactor del periódico *L'Aurore,* donde escribió centenares de artículos en defensa del militar judío. Precisamente en dicho periódico es donde Émile Zola publicó su célebre artículo *«J'accuse...!».*

LA DISOLUCIÓN DE LAS CLASES SOCIALES

El estudio del antisemitismo en la primera parte del libro es rico en ideas y hechos, y está lleno de observaciones originales. Destacan especialmente la descripción de las diversas formas de emancipación, la actitud de los salones hacia los judíos y la relación entre el banquero o el miembro de la alta sociedad y el «pequeño judío». Pero aunque uno esté dispuesto a suscribir la mayoría de los análisis, tomados por separado, lo cierto es que no resultan convincentes del todo ni los conceptos organizadores ni las ideas que, en última instancia, la autora considera esenciales.

Tanto si hablamos de antisemitismo como de imperialismo, el hecho social decisivo habría sido la intervención de la turba.[5] Arendt contempla las clases como grupos aún integrados en una colectividad nacional, que conservan algo de la conciencia común de los *Estados (Stände).* La turba sería el resultado de la disolución de las clases, que reuniría a individuos dispersos sin darles ninguna cohesión. Karl Marx llamó «proletariado» a la disolución de todas las clases,

5. Así podríamos traducir el término ingles *mob. (N. del A.)*

mientras que Arendt reserva para dicha disolución el término «turba». Pero ¿qué es la turba?

Las multitudes antisemitas que se manifestaron en París contra Émile Zola o en Rennes contra Victor Basch[6] no eran en absoluto homogéneas. En ellas, los estudiantes se juntaron con artesanos, comerciantes y quizá obreros. ¿Era el origen social de estas multitudes fundamentalmente distinto al de las multitudes que hicieron las revoluciones en la primera mitad del siglo XIX? Los hijos de la burguesía se unieron a las clases bajas tanto para derrocar a Luis Felipe como para aclamar a Luis Napoleón o a Georges Boulanger.[7] En el primer caso, se aliaron con los obreros, en los otros dos, principalmente con pequeños burgueses, aunque sería difícil negar la presencia de obreros o artesanos en las multitudes bonapartistas o boulangistas. Por otro lado, desde el siglo XIX, las sociedades industriales modernas han creado, además de las clases reconocidas —burguesía, proletariado, campesi-

6. Victor Basch (1863-1944), profesor de Filosofía en la Sorbona y político francés de origen húngaro y judío, se significó en defensa de Dreyfus, al igual que Zola.

7. Georges Ernest Jean-Marie Boulanger (1837-1891), militar y político francés que fue ministro de Guerra y tuvo un gran protagonismo en los inicios de la Tercera República.

nado—, grupos intermedios que nunca han podido ser definidos o designados con precisión. No sabemos si la turba de la que habla Arendt engloba a los individuos desintegrados que son el producto inevitable del desarrollo de la sociedad industrial, y si abarca todos o parte de los grupos intermedios, o si es el nombre que se da a los que, por fracaso personal, caen fuera de su clase y engrosan las filas de los rebeldes. No es esta una mera disputa sobre palabras o definiciones. En el primer caso, la turba incluye, junto a los fracasados, a los grupos que el progreso económico y social tiende espontáneamente a disolver y excluir de la comunidad. En el segundo, incluye a los perdedores de todas las clases. Según se adopte una u otra tesis, la disolución de la sociedad europea parece ser el resultado necesario del desarrollo capitalista o, por el contrario, un resultado atribuible a los acontecimientos, las guerras o las crisis. Arendt parece inclinarse por la primera de estas alternativas, sin hacer una elección clara.

Dudo que los individuos sensibles a la propaganda imperialista o antisemita pertenezcan a un grupo socialmente delimitado. De hecho, esto es probablemente lo que piensa Arendt cuando, en la última parte de su libro, define a la masa por la descomposición de las clases, y explica la alianza entre la élite y dicha masa por los rasgos comunes a ambas. Cuando los hombres corrientes salen de los grupos organizados, se vuelven receptivos al mismo tipo de ideología y de propaganda que los intelectuales en rebelión contra la moral burguesa. Los «individuos atomizados, aislados», se vuelven maleables a voluntad. Pero, en este sentido, antes de la guerra de 1914 apenas había más turba o masa en Alemania que en Francia. El insuficiente desarrollo de la industria no es la única causa de la escasa presencia numérica de la turba en Francia. No fue el capitalismo, como tal, sino la guerra de 1914, la derrota y la crisis de 1929 lo que desintegró a millones de alemanes y los redujo a la condición de masas.

El nacimiento del antisemitismo

Igualmente equívoca, a mi entender, es la idea que Arendt desarrolla al principio de su libro, como si se tratase de su aportación esencial. La tragedia judía habría ocurrido en un momento en que los judíos habían dejado de cumplir una función histórica. Se equivocarían si se contentaran con la teoría del chivo expiatorio. Fueron golpeados del mismo modo que lo habían sido los nobles en Francia, cuando sus privilegios ya no se correspondían con los servicios prestados.

Confieso que no me convence la comparación entre los judíos del siglo XX y la aristocracia francesa del siglo XVIII. Es cierto que, a finales del siglo XIX, los banqueros judíos ya no constituían un poder, ni nacional ni internacional, que tratara en pie de igualdad con los soberanos. Ahora bien, dado que estos banqueros ya no se distinguían de sus homólogos católicos o protestantes, es difícil ver por qué la pérdida de su antiguo poder habría provocado su castigo. No tenían más privilegios que los demás banqueros, y su declive no les convertía en el blanco de la venganza popular. En cambio, se explica muy bien, y de forma muy trivial, que los avances de la emancipación y la asimilación provocasen fuertes reacciones en determinados entornos en los que persistían viejos prejuicios, y que protestaban contra el ascenso de los judíos a puestos que hasta entonces les estaban vedados —por ejemplo, la reacción de algunos católicos franceses ante el nombramiento de oficiales judíos para puestos del Estado Mayor—. Del mismo modo, en Alemania, la repentina afluencia de judíos del Este a determinadas profesiones fue una de las causas de la virulencia del antisemitismo en la República de Weimar. En cuanto al antisemitismo austriaco, Arendt explica perfectamente cómo fue resultado de la estructura misma de la monarquía dualista, desgarrada por las disputas entre nacionalidades, disputas de las que surgió el movimiento pangermanista que, como todos los movimientos racistas, negaba el nacionalismo tradicional del que inicialmente parecía ser una simple expresión.

El antisemitismo de Édouard Drumont,[8] tal y como lo describe Georges Bernanos, fue la expresión de una rebelión contra el triunfo del dinero, contra el ascenso a la cima de la escala social de los desarraigados que obtenían poder y fortuna por medio de un tráfico abstracto. De manera confusa, se culpa a los judíos por la civilización del dinero (véase el ensayo de Karl Marx sobre la cuestión judía).[9] En la pluma de algunos intelectuales o semiintelectuales, la nostal-

8. Édouard Drumont (1844-1917), periodista, escritor y político católico francés, célebre por su antisemitismo y su nacionalismo.

9. Karl Marx, *Sobre la cuestión judía (Zur Judenfrage), Deutsch-Französische Jahrbücher,* París, 1944. El ensayo es una reseña de dos obras de Bruno Bauer.

gia por la vieja Francia se tiñe de antisemitismo, y este se extiende a ciertos círculos preocupados por la nueva competencia que representan los judíos. Entre la coyuntura en Francia veinte años después de la proclamación de la República y la coyuntura en Alemania quince años después de la fundación de su propia República, no faltan las similitudes: un régimen político discutido, la añoranza de la vieja Francia o la vieja Alemania, el declive de los antiguos «grandes judíos» y la rápida asimilación de los menos importantes, la imputación, a estos nuevos triunfadores, de ciertos rasgos desagradables del sistema, la inestabilidad del orden de cosas y la precariedad del destino nacional, etcétera. Uno podría combinar fácilmente la teoría demasiado simple del chivo expiatorio y la teoría demasiado sutil del antisemitismo dirigido contra un grupo que había perdido su función pero conservaba sus privilegios.

La emancipación de los judíos siguió al progreso de las ideas liberales, y los liberales contribuyeron a la realización de la idea nacional. Mientras el nacionalismo fue dominante, el antisemitismo no fue más allá de las modalidades francesas, unas modalidades reaccionarias, tradicionales, si se quiere; lo que Maurras llamó antisemitismo de Estado. El antisemitismo solo se convirtió en racismo en el momento en que el nacionalismo concluyó y a la vez renegó de sí en el imperialismo, el cual, entre los alemanes de Austria-Hungría, no se expresó en veleidades de conquistas ultramarinas, sino en el pangermanismo. Los derechos del hombre se les reconocían a los judíos porque se les reconocían a todos los hombres en cuanto tales. En 1871, Ernest Renan escribió a David Strauss que la anexión de los alsacianos contra su voluntad explícita abría el camino a «guerras zoológicas».[10] Sin duda, el argumento se ajustaba a los intereses france-

10. Joseph Ernest Renan (1823-1892), escritor, filólogo, filósofo e historiador francés, destacó por sus obras sobre el cristianismo, los pueblos semitas, el islam, los tipos de razas y el concepto «espiritual» de nación. A juicio de Hannah Arendt, «fue probablemente el primero en establecer una oposición entre "semitas" y "arios", en una decisiva "división del género humano", si bien consideraba que la civilización era la gran fuerza superior que destruye las particularidades locales, así como las diferencias raciales originales» —Hannah Arendt, *The Origins of Totalitarianism, op. cit*—. En cuanto a David Friedrich Strauss (1808-1874), fue un teólogo y filósofo alemán que adquirió relevancia por sus escritos sobre el «Jesús histórico».
La cita de Aron proviene de una carta de Renan a Strauss fechada el 15 de septiembre de 1871: «Nuestra política es la de los derechos de las naciones; la de ustedes, la de las razas: cree-

ses, y al otro lado del Rin se habría podido objetar que el «afrancesamiento» de Alsacia se había realizado por medio de la violencia desde finales del siglo XVII. No obstante, Renan formuló una idea acertada y profunda: desde el momento en que la nacionalidad se consideraba no el resultado de una decisión libremente tomada por los hombres, sino un hecho natural, los dos componentes del movimiento liberal —los derechos de los hombres y los derechos de las naciones a la independencia estatal— debían disociarse. Se retornaba a un nacionalismo tribal, y el individuo ya no existía más que *en* y *por* su nación; solo tenía derechos dentro de ella; la unificación de las agrupaciones nacionales se convertía en un objetivo supremo. Esto explica que, a ojos de los hitlerianos, los judíos pudiesen ser deshumanizados tras ser excluidos de la comunidad racial o tribal.

Los derechos del hombre se fundamentan en una concepción religiosa de la persona o bien en una con-

---

mos que la nuestra es mejor. La división excesivamente marcada de la humanidad en razas, además de basarse en un error científico, y con muy pocos países que posean una raza verdaderamente pura, solo puede conducir a guerras de exterminio, a guerras zoológicas» —véase Ernest Renan, *Qu'est-ce qu'une nation ? et autres essais politiques,* Presses Pocket, París, p. 157.

cepción humanista de la conciencia individual. Cabe preguntarse en qué se basarían en una filosofía naturalista. Pero, por otra parte, los hombres de Europa, en la misma época en que revindicaban tales derechos, no extendieron ese beneficio a todos los demás hombres. Alemania, Gran Bretaña y Francia se reconocían mutuamente como Estados, es decir, no tenían intención de destruirse las unas a las otras en caso de guerra. Alemanes, franceses e ingleses viajaban sin pasaporte por la vieja Europa. Ahora bien, ¿cómo se trataba a los negros del Congo? Los Estados de Europa no habrían dudado en repartirse el Imperio chino, en negarle la existencia como Estado, si las circunstancias lo hubieran permitido. En el siglo pasado, la mayoría de los filósofos materialistas eran humanitarios. Del mismo modo que los creyentes en los derechos del hombre no aplicaban lógicamente su fe a todos los hombres, los naturalistas podían no ignorar la humanidad de sus semejantes, aunque su filosofía fuera incapaz de fundamentar la humanidad del individuo excluido de toda comunidad. La ideología racista no basta para explicar lo que sigue siendo una enormidad, un hecho monstruoso: el asesinato de seis millones de judíos.

EL GENOCIDIO DE LOS JUDÍOS

Sobre este asunto, que la mayoría de los occidentales
—los alemanes en particular, pero también los franceses, británicos y estadounidenses— prefieren ignorar,
conviene leer el admirable libro de Léon Poliakov.[11]
Su obra tiene todos los méritos de los que carece el
libro de Arendt, y no pretende tener los que con tanto
entusiasmo se le atribuyen a este último. Hace caso
omiso de las paradojas de la historia, no busca dar explicaciones sutiles o profundas, se basa en un examen
metódico de los archivos alemanes, describe lo que
hicieron los hitlerianos y cómo lo hicieron, cita los
informes de las autoridades, las directivas de la Administración encargada de la ejecución.

Sobre la cuestión decisiva, ¿quién tomó la decisión de exterminar a los judíos?, Poliakov no llega a
una conclusión definitiva, pero considera probable
que la decisión fuera adoptada por el propio Hitler,
entre junio de 1940 y junio de 1941, a sugerencia de
Joseph Goebbels y tal vez de Martin Bormann.[12]

11. Léon Poliakov, *Breviaire de la haine. Le III' Reich et
les Juifs, op. cit.*

12. Martin Bormann (1900-1945), político alemán, ocupó
entre otros cargos el de jefe de la Cancillería del Partido Nacio-

Poliakov intenta explicar el acto basándose en consideraciones pragmáticas. «El exterminio de los judíos no formaba parte en absoluto de los objetivos generales nazis», escribe. Y cierto es que en 1933 Hitler no estaba conscientemente decidido a acabar con los judíos, pero tampoco Robespierre en 1798 pensaba en derrocar la monarquía y condenar a muerte al rey. Lo que no formaba parte de los planes conscientes de los nazis no era necesariamente ajeno al sentido inherente a su doctrina y su conducta. Poliakov sugiere que tal vez Hitler quería «hacer que todos los alemanes quedasen aún más fuertemente ligados a él, convertirlos en cómplices mediante la perpetración de un crimen colectivo e inaudito». Nadie sabrá nunca cuál fue el motivo de Hitler, pero el genocidio, a mi juicio, implica inconsciencia incluso más que conciencia del crimen. Cuando ordenó matar a ciertos enfermos, Hitler probablemente consideró que esta decisión era biológicamente legítima —la resistencia de la población obligó a las autoridades nazis a no llevar a cabo su plan—. Del mismo modo, Hitler pudo calibrar la influencia que tendría, en el espíritu de lu-

nalsocialista Obrero Alemán y el de secretario personal de Adolf Hitler.

cha del pueblo alemán, un acto colectivo considerado por los propios alemanes como un crimen sin precedentes; pero, para plantearse la destrucción de todo un pueblo, primero tuvo que desterrarlo de la humanidad. Los judíos habían sido degradados al rango de parias, de escoria, y la masa de los alemanes había aceptado contemplarlos así incluso antes de que el genocidio fuera siquiera posible. Dicho genocidio fue la culminación de la negativa a tratar a los judíos como seres humanos. El antisemitismo hitleriano podría no haber llegado a ese extremo. Hitler y Göring[13] podrían haberse sorprendido si la decisión de 1941 les hubiera sido anunciada en 1933. Tal vez su sorpresa habría demostrado que no se conocían a sí mismos.

¿Todo antisemitismo conduce al genocidio? Es evidente que no. Ni siquiera es cierto que todo racismo lo haga. Pero una concepción racista, que interpreta la lucha de las razas históricas en términos de una lucha darwiniana por la vida, o que justifica los actos de la llamada raza superior, conlleva virtualmente la tentación del genocidio. Unos pocos individuos

13. Hermann Wilhelm Göring (1893-1946), una de las figuras más destacadas del Partido Nacionalsocialista, ocupó entre otros cargos el de presidente del Reichstag y el de ministro del Aire del Reich.

dieron la orden, unos pocos miles la ejecutaron como buenos funcionarios y unas decenas de miles participaron en la preparación, la organización y la ejecución del mayor crimen colectivo de la historia europea. Si miramos atrás y buscamos los antecedentes, ¿dónde está el origen? Es posible ver el antecedente en todos los estallidos de antisemitismo, en todas las circunstancias en que los intelectuales y las multitudes discriminan entre los judíos y todos los demás. Pero el antisemitismo, de una forma u otra, es endémico en Occidente. La discriminación de los judíos, la hostilidad hacia ellos, no implica necesariamente la intención de cometer un genocidio. ¿Podríamos decir que el fenómeno esencial consiste en la combinación del antisemitismo tradicional, que margina a los judíos, y el pensamiento racista, que justifica biológicamente esa «marginación»? Probablemente esta combinación fue característica del pensamiento hitleriano, pero se necesitó algo más, que fue el consentimiento de los hitlerianos para llevar su sistema hasta el extremo. La lógica ideológica, llevada hasta sus últimas consecuencias, conduce de la proposición «Solución radical de la cuestión judía» a la despiadada consecuencia: «El asesinato de todos los judíos, hombres, mujeres y niños, es la única solución radical, la única que no deja subsistir a los vengadores, la única que excluye para siempre la resurrección». La emigración masiva, la creación de reservas judías en Lublin, el asentamiento en Madagascar,[14] todos estos proyectos parecen medias tintas comparados con el plan irrevocable, concebido por unos pocos, decidido por uno solo. Y la humanidad, a pesar de su deseo de no saber más, no está dispuesta a olvidar lo que los hombres son capaces de hacer a otros hombres.

REGÍMENES SIN PRECEDENTES

En las dos primeras partes de *Los orígenes del totalitarismo*, Arendt escribe como historiadora y como socióloga, multiplicando las explicaciones de los he-

---

14. La deportación de judíos a la región polaca de Lublin constituía el núcleo del Plan Nisko, puesto en marcha tras la invasión de Polonia en 1939 y cancelado a principios de 1940, mientras que el plan Madagascar consistía en reubicar a la población judía de Europa en la isla de Madagascar. Esta última idea provino de Franz Rademacher, jefe del Departamento Judío del Ministerio de Asuntos Exteriores alemán, quien la propuso en junio de 1940, poco antes de la caída de Francia —Madagascar era por entonces colonia de este país.

chos por las circunstancias, explicaciones que uno se inclina a aceptar más bien en detalle que en su conjunto. En la tercera parte, Arendt cambia de método. El totalitarismo no se explica por las circunstancias sociales o económicas. Es un régimen sin precedentes en la historia, uno cuya esencia es importante comprender. Para entender el comportamiento de los hitlerianos y los estalinistas, debemos comprender su ideología y no dejarnos engañar por interpretaciones puramente pragmáticas. La requisa de medios de transporte para el exterminio de los judíos en plena guerra es absurda si el objetivo primordial es ganar esa guerra. La colectivización de la agricultura fue absurda en la Unión Soviética, ya que conllevó la eliminación de la mitad del ganado y la reducción catastrófica de las cosechas; los campos de concentración fueron absurdos desde el punto de vista de la eficiencia de la producción.

Estos mismos ejemplos hacen aflorar una cuestión que reencontramos bajo múltiples formas. En cierto sentido, Arendt tiene razón: la interpretación pragmática del comportamiento de los totalitarios es errónea, pero lo es porque olvidamos el sistema de valores o las pasiones de los actores. El exterminio era uno de los objetivos bélicos de los hitlerianos. Tal vez querían alcanzarlo incluso antes de que terminaran las hostilidades, para que, en cualquier caso, su odio quedara satisfecho.

Las dudas más serias surgen a propósito de los ejemplos soviéticos. La colectivización de la agricultura se volvió irracional debido a la resistencia campesina. Pero esa colectivización tenía al menos una motivación racional: se buscaba aumentar las entregas de productos. Los planificadores no podían seducir a los campesinos pagándoles precios elevados; para ello, era necesaria la disponibilidad de bienes de consumo, algo que el ritmo ordenado de la industrialización impedía. En cuanto a la irracionalidad de los campos de trabajo, no es tan indiscutible como afirma Arendt. El trabajo forzado, en cualquier caso, no parece irracional a ojos de los planificadores, debido a las propias ventajas que ofrece.

La esencia del totalitarismo

Pero supongamos que aceptamos estas tesis. ¿Es el hitlerismo *esencialmente* el mundo de las SS, las cámaras de gas y los comandos de exterminio? ¿Son los estragos de la colectivización o los campos de trabajo la *esencia* de la construcción industrial? Arendt responde con seguridad: así es.

Los regímenes totalitarios no se definen ni únicamente por la supresión de las instituciones representativas y de la multiplicidad de partidos ni por el poder absoluto de un grupo o un hombre. El régimen de los coroneles en Polonia, el de Franco en España, el de Mussolini pertenecen a un tipo del que existen múltiples ejemplos a lo largo de la historia. El fascismo presenta poca o ninguna originalidad: el partido único sirve como policía auxiliar, ayuda a reclutar a los mandos superiores y medios, reúne a los principales compañeros del líder y les permite cobrar por su colaboración, ofrece una vía a los jóvenes que quieren acceder a determinados cargos, sindicales o administrativos. Hasta que el fascismo se alió con Hitler, no hubo en dicho régimen rastro de antisemitismo ni de revolución permanente. Hasta su final, no sacudió seriamente la estructura tradicional de la sociedad italiana.

El totalitarismo parece caracterizarse por una serie de fenómenos institucionales que Arendt analiza admirablemente: la proliferación de burocracias, mal conectadas entre sí a causa de una maraña inextricable de competencias; la división entre un partido de masas y el círculo interno; el mantenimiento de una especie de conspiración en el seno del partido, dueño del Estado; la autoridad incondicional del Líder, quien resulta indispensable no tanto por sus virtudes administrativas o intelectuales fuera de lo común como por su capacidad de resolver los conflictos entre sus compañeros o entre las innumerables administraciones; la expansión de una policía secreta que se convierte en el poder supremo; la combinación del régimen policial con una propaganda ideológica obsesiva para uso de las masas, y el desarrollo de una doctrina esotérica reservada a unos pocos. Ninguno de estos fenómenos en particular revela la originalidad del totalitarismo. Todos juntos nos revelan su esencia, que se designa con términos como revolución permanente o incluso terror e ideología.

Hemos visto ya, en diversas ocasiones históricas, cómo se produce la demanda de ortodoxia ideológica durante las fases de paroxismo revolucionario. La novedad no es que, al tomar el poder, el Partido Comunista pretendiera alinear a individuos, grupos y administraciones. La novedad es que dicho partido exigió más en 1938 que en 1917, y en 1952 más que en 1938. La pasión ideológica, lejos de apaciguarse, se intensifica. El marxismo de Stalin es más invasivo que el de

Lenin. En la década de 1920 resultaba inconcebible la condena de la genética.[15]

Del mismo modo, el terror totalitario se intensifica con el tiempo. Se desata con toda su fuerza cuando el régimen ya no tiene adversarios. Fue en 1937-1938 cuando la gran purga arrojó en la prisión a entre cinco y siete millones de ciudadanos, incluida una parte significativa de los cuadros técnicos y militares, en un momento en el que la resistencia campesina ya había sido aplastada y la industrialización había superado las dificultades iniciales. El terror es la esencia del régimen totalitario, un terror de un estilo aún desconocido. Desde el momento en que se castiga al criminal virtual, aquel cuya acción podría haber sido perjudicial para la Revolución o aquel que, por su pertenencia a un grupo condenado por la historia, podría serlo mañana, desde el momento en que se persigue a categorías enteras, cada cual se siente desamparado, aislado, y la dinámica colectiva del partido empuja hacia adelante a los individuos, frenéticos o resignados, prisioneros de un destino implacable, juguetes de una fuerza sobrehumana.

15. Durante el régimen de Stalin, la genética fue condenada como ciencia burguesa, y se persiguió a los genetistas.

En su desamparo, los individuos pierden los lazos orgánicos que los unen a sus familias, a sus seres queridos, a sus compañeros de trabajo o de miseria. La mujer o los hijos terminan exigiendo la muerte del padre, nadie confía ya en su vecino, la policía secreta está presente en cada fábrica, cada oficina, en el corazón mismo de los hogares. En los campos de concentración, esta «masificación» alcanza su forma extrema: el individuo es anónimo, se halla perdido en medio de una multitud, donde la soledad fecunda está prohibida.[16] La administración regula la vida de estos se-

16. Arendt distingue entre la soledad, fecunda, y el aislamiento: «Soledad y aislamiento no son lo mismo. En la soledad nunca estamos solos, sino que estamos con nosotros mismos; somos siempre dos-en-uno [...]. La soledad en la que uno tiene la compañía de sí mismo no necesita abandonar el contacto con los otros, ni está en absoluto al margen de la compañía humana; al contrario, nos prepara para ciertas formas sobresalientes de compenetración humana, como la amistad y el amor, es decir, para toda sintonía que trasciende los canales establecidos de comunicación humana. Si uno puede sobrellevar la soledad, soportar su propia compañía, es probable que pueda soportar la compañía de otros y que esté preparado para ello; quien no puede soportar a ninguna otra persona no será capaz generalmente de sobrellevarse a sí mismo.

»La gran bendición de la compañía consiste en que esta redime al dos-en-uno individualizándolo. Como individuos, nos

res fantasmales que pasan de una existencia en la sombra a la muerte, sin que nadie lamente este suceso como un hecho humano o significativo.

El Tercer Reich, según Arendt, solo se volvió totalitario en la última fase de la guerra, en el periodo en que se consumó el genocidio y Heinrich Himmler monopolizó progresivamente los poderes: ministro del Interior, jefe de los cuerpos de policía, comandante del ejército ubicado en el interior del país, etc. Durante los cerca de trece años que Hitler estuvo en el poder, el régimen fue uno mixto, en el que los elementos tradicionales —ejército, administración, economía— limitaron la acción de aquellos que podrían llamarse fanáticos hitlerianos del Tercer Reich. La tesis de Arendt es que estos «fanáticos» constituían el nú-

---

necesitamos los unos a los otros y quedamos aislados si, mediante algún accidente físico o político, nos vemos privados de compañía. El aislamiento se desarrolla cuando el hombre no encuentra compañía que lo salve de la naturaleza dual de su soledad, o cuando, como individuo que para su individualidad necesita constantemente a los otros, es rehuido por estos o separado de ellos. En este último caso, queda completamente solo, privado incluso de la compañía de sí mismo» —véase Hannah Arendt, *Sobre la naturaleza del totalitarismo* (s. f.), Página Indómita, Barcelona, 2025.

cleo del movimiento, encarnaban su esencia histórica; no estaban destinados, con el tiempo, a ceder el paso a los moderados, sino que, por el contrario, se habían aliado con los moderados para aparentar, se habían disfrazado de nacionalistas para seducir a los filisteos a quienes despreciaban. Tras una guerra victoriosa, habrían reinado por fin, y habrían cambiado el mapa racial de Europa extendiendo la técnica del genocidio a las poblaciones eslavas. Sin duda, los fanáticos se impusieron durante la guerra, pero cabe argumentar que ello se debió a la propia coyuntura, y que no se puede determinar con certeza qué habría pasado en caso de una victoria militar del Tercer Reich.

El totalitarismo comunista

En lo que concierne al totalitarismo estalinista, Arendt se limita a indicar que no tiene nada que ver con Lenin. Este último, por el contrario, habría intentado dar estructura a la masa rusa indiferenciada. Además, el totalitarismo tampoco tendría nada que ver con el marxismo y habría surgido alrededor de los años treinta. Recordemos aquí, entre estas profundas reflexiones, algunas proposiciones banales.

La condición primera, pero no suficiente, de un régimen totalitario es la toma del poder por un partido que se asegura el monopolio de la política. Esta condición se cumplió ya en tiempos de Lenin, y gracias a él. Como partido minoritario, rodeado de enemigos, los bolcheviques tomaron prestada del antiguo régimen su policía, y esta, gracias a la guerra civil, adquirió una magnitud y un poder superiores a los que conservaba en los últimos tiempos del debilitado zarismo. Ya en vida de Lenin, los partidos de oposición, incluidos los partidos socialistas o revolucionarios, estaban prohibidos. Y estaba muy extendida la censura, al menos la negativa. El marxismo no se cuestionaba, ni tampoco la ecuación: poder del partido = poder del proletariado. Es más, quedó establecido el principio de todas las mentiras: según la doctrina, la revolución socialista debería haber sucedido al auge del capitalismo, y las instituciones de la futura sociedad socialista deberían haber estado presentes en el seno de la antigua sociedad. El hecho de que Lenin, bajo el impacto de los acontecimientos, aceptara la tesis de Trotski, según la cual no era imposible saltarse la fase burguesa y capitalista, se halla en el origen del equívoco que llevó a denominar «edificación socialista» a la fase de desarrollo de la sociedad industrial que la teoría marxista consideraba propia del capitalismo. La brecha entre la realidad y la ideología no fue tan marcada hasta 1923, porque ni la guerra civil ni el comunismo de guerra ni la Nueva Política Económica (NEP) fueron llamados edificación socialista. Sin embargo, Lenin creó las condiciones esenciales para esta sustitución permanente de la realidad por la ideología, en la que Arendt ve con razón uno de los rasgos característicos del estalinismo.

¿Qué se necesitaba para que floreciera el régimen totalitario? Que se acentuara la brecha entre realidad e ideología, es decir, que el desarrollo acelerado de las fuerzas productivas, según el método del ahorro forzoso y la planificación, diese lugar a fenómenos comparables a los experimentados por Europa Occidental en la misma fase económica (aunque agravados en la Unión Soviética) y que, simultáneamente, el poder mantuviese y amplificase el sistema ideológico de interpretación, erigido en verdad oficial. Cuando Stalin asumió el programa de industrialización formulado por la oposición de izquierda, tuvo que recaudar una considerable cantidad de ahorros de una población recalcitrante para financiar las inversiones, y tuvo también que obligar a los campesinos a entregar los cereales sin recibir a cambio bienes de consumo. La necesidad de aumentar las entregas y la preocupación doctrinaria por destruir cualquier clase social basada en la propiedad privada de los instrumentos de producción dieron lugar a la política de colectivización, que trajo consigo la feroz represión de la resistencia campesina, la ruina temporal de la agricultura, el sacrificio de ganado y la hambruna. Sin duda, se seguía llamado con total tranquilidad «edificación socialista» a esa especie de guerra civil que acompañaba a la construcción de fábricas y de granjas colectivas. De manera inevitable, la locura lógica y homicida, que constituye a ojos de Arendt la esencia del totalitarismo, fue ganando terreno paso a paso. El partido debía transformarse en un aparato impecablemente disciplinado para lograr que, por orden de la instancia superior, se creyera que era de día en mitad de la noche, para reconocer el socialismo en estos trágicos episodios de industrialización primaria. Era necesaria una fe absoluta en el partido, en la historia, en la realización de la humanidad dentro de una sociedad sin clases, para combinar el cinismo en la acción con una especie de idealismo a largo plazo.

El terror estalinista

Se podría argumentar que las circunstancias quizá explican el totalitarismo de 1930-1934, pero no explican la gran purga de 1936-1938. Y aquí es donde encontramos el principal argumento de Arendt. El terror totalitario del estalinismo no es atribuible a las circunstancias, ya que se redobla precisamente cuando se ha vuelto innecesario desde el punto de vista racional. El argumento es sólido, en contra de libros superficiales y falsamente objetivos, como el de Isaac Deutscher, que intenta explicar íntegramente los fenómenos totalitarios por las circunstancias económico-sociales.[17] No obstante, las víctimas de la gran purga intentaron explicar el fenómeno del que fueron víctimas, y sin reproducir aquí las dieciséis teorías presentadas por F. Beck y W. Godin (pseudónimos de un físico de origen austriaco y un historiador ruso que se conocieron en las cárceles soviéticas), lo cierto es que algunas de ellas sugieren al menos interpretaciones que hacen que la repre-

17. Aron se refiere probablemente a la obra de Isaac Deutscher *Stalin. A Political Biography,* Oxford University Press, Londres, Nueva York y Toronto, 1949.

sión, absurda en sus excesos, sea parcialmente inteligible.[18]

La sociedad que surgió de los planes quinquenales, jerárquica, desigualitaria, despótica, no se parecía nada a la imagen que los revolucionarios se habían hecho de ella. No podía parecerse, ya que, según la teoría misma, que subordina la organización social a las fuerzas productivas, un desarrollo suficiente de estas últimas era la condición indispensable para alcanzar los beneficios socialistas. Ahora bien, como el desarrollo de las fuerzas productivas, engañosamente llamado socialismo, requería todavía numerosos planes quinquenales, es decir, muchos años de privaciones y esfuerzos, era necesario eliminar a los idealistas que nunca se reconciliarían con esta realidad. Partiendo de esta misma brecha entre ideología y realidad, encontramos otras teorías: la del chivo expiatorio (la culpa por los fracasos y el sufrimiento debe recaer sobre los privilegiados), la teoría de la puesta a prueba (es necesario que los miembros del partido acepten ciegamente cualquier decisión, incluso aquellas que les afectan a ellos, para que se realice la indispensable

18. F. Beck y W. Godin, *Russian Purge and the Extraction of Confession*, The Viking Press, Nueva York, 1951.

transferencia de lealtad, una lealtad inicialmente dirigida a la idea y que ahora debe dirigirse al partido), la teoría de la manía persecutoria propia del cesarismo (¿cómo no va a estar el poder asediado por la angustia cuando sabe que miente, sabe que las masas lo saben y que saben además que él lo sabe?), etc.

Pero hay más: la realidad misma exige en parte el terror. La edificación socialista, es decir la industrialización impulsada por el Estado, se ve afectada por una contradicción fundamental. La gestión estatal y burocrática, si es lícita y moderada, no puede propiciar el aumento de la producción y la productividad. Solo se vuelve eficaz si recurre al método de los faraones o apela al interés individual. El reclutamiento de trabajadores forzosos es la forma extrema de la indiferencia de los constructores hacia los medios y hacia el material humano, siempre que se alcancen los objetivos. En el marco burocrático, por otra parte, los técnicos o directores de empresas actúan como pioneros. Están obligados a ejecutar el plan, y solo lo consiguen utilizando circuitos clandestinos que se multiplican al margen de los circuitos legales. Se deciden a hacerlo porque, para ellos, no es menos peligroso permanecer dentro de la legalidad que abandonarla. El terror es quizá indispensable para impedir la

cristalización burocrática que paralizaría la realización de la paradójica tarea —el desarrollo de las fuerzas productivas bajo el impulso del Estado—. Si el régimen se estabilizara, estaríamos en presencia de una
burocracia jerárquica, cuyas formas externas se pare-
cerían a las de la *Tábel*,[19] una burocracia que ahora
supervisaría no una sociedad predominantemente
agrícola, sino una sociedad industrial.

¿Es posible garantizar a la burguesía burocrática,
creada por la industrialización, todas las ventajas que
ya posee (salarios elevados, impuestos sobre la renta
no progresivos, ventajas para la educación de los hijos) y, además, seguridad personal y estabilidad labo-
ral? Tal estabilidad frenaría los ascensos; dada la edad
a la que, en los años 1920 y 1930, se accedía a los puestos superiores, permitiría que el descontento se foca-
lizara en los funcionarios inamovibles, al tiempo que
les daría a estos una autoridad y una confianza que li-
mitarían progresivamente la omnipotencia del partido. Este solo mantiene el control impidiendo que la

19. La *Tábel* o Tabla de rangos, introducida en 1722 por
Pedro el Grande, era el listado oficial de cargos y puestos perte-
necientes al ámbito militar, al gobierno y a la corte de la Rusia
imperial. Fue abolida por el gobierno bolchevique en noviembre
de 1917.

burocracia se transforme en una aristocracia de nuevo tipo. El terror mantiene la movilidad social y, al mismo tiempo, es la única salida a los conflictos dentro de una clase dirigente que aún no ha creado los procedimientos constitucionales para resolver tales conflictos pacíficamente.

Todas estas explicaciones, incluso combinadas, dejan una misteriosa incógnita; el arresto masivo, de millones de personas, que decapitó las industrias, la ciencia, el ejército, la administración no era necesario ni racional. Pero no es seguro que alguien quisiera la gran purga, tal como tuvo lugar, como tampoco es seguro que alguien quisiera la colectivización, tal como se practicaba. El efecto bola de nieve, que Alexander Weissberg describe en su admirable libro,[20] podría haber intervenido aquí tanto como el sadismo de Stalin.

IDEOLOGÍA Y TERROR

Estas explicaciones sociológicas, que he esbozado rápidamente, no son en absoluto incompatibles con las

20. Alexander Weissberg-Cybulski, *L'Accusè*, trad. P. Stéphano y E. Bestaux, pról. Arthur Koestler, Fasquelle, París, 1953.

interpretaciones que hace Arendt cuando apunta a la esencia del totalitarismo. Los complejos vínculos que la autora establece entre terror, ideología y policía no desaparecen sin más. No se excluye incluso la posibilidad de considerar el terror como esencia del régimen totalitario para distinguirlo de la simple tiranía —el poder absoluto de uno solo, que gobierna sobre todos y los reduce a la impotencia—. Pero la esencia totalitaria no surgiría misteriosamente, completamente armada ya, del cerebro de la historia o de Stalin. Ciertas circunstancias favorecieron su aparición, otras favorecerán su desaparición.

En un artículo dirigido a Karl Jaspers, «Ideología y terror», Arendt aclara tanto su método como su pensamiento, retomando los conceptos de Montesquieu.[21] Todo régimen político tiene una naturaleza y un principio. Su naturaleza es «lo que le hace ser tal como es, y el principio, lo que le hace actuar». El principio de la monarquía es el honor; el de la república, la virtud, y el de la tiranía, el miedo. Sin embar-

21. Hannah Arendt, «Ideology and Terror: A Novel Form of Government», *The Review of Politics,* Vol. 15, n.º 3, junio de 1953, pp. 303-327. Como ya se ha observado en el prólogo, sería incluido en *Los orígenes del totalitarismo* desde la edición de 1958.

go, continúa Arendt, el totalitarismo carece de un principio. Un régimen cuya ideología proclama leyes, cósmicas o históricas, superiores a la voluntad humana, un régimen cuya práctica relega a los individuos al aislamiento y el desamparo y los prepara para aceptar el papel de verdugos o de víctimas, es un régimen en el que ni siquiera el miedo inspira la acción, pues para que el miedo impulsara a actuar, el individuo debería tener la impresión de que depende de su acción el escapar de las amenazas de represión o purga. El totalitarismo es un intento de ejercer sobre los hombres una dominación total que los deshumaniza, ya sea enviándolos a campos de concentración o sometiéndolos, en la llamada sociedad normal, a una propaganda obsesiva y a las misteriosas decisiones de las autoridades, quienes afirman actuar de acuerdo con leyes cósmicas o históricas.

No podemos evitar preguntarnos si, formulada de esta manera, la tesis de Arendt no es contradictoria. Un régimen que carece de un principio no es un régimen. No es comparable a la monarquía o a la república. Como régimen, existe únicamente en la imaginación de la autora. En otras palabras, Arendt convierte en régimen, en esencia política, ciertos aspectos de los fenómenos hitleriano y estalinista, resalta y probablemente exagera la originalidad del totalitarismo alemán o ruso. Al contemplar esta originalidad real como el equivalente de un régimen fundamental, Arendt se ve llevada a ver en nuestro tiempo la negación de las filosofías tradicionales, y a caer en la contradicción de definir un régimen que funciona según una esencia que implica, por así decirlo, la imposibilidad de su funcionamiento.

Por un lado, la ideología y el terror del totalitarismo son la amplificación de los fenómenos revolucionarios. Esta comparación la aborda Crane Brinton en su libro sobre la anatomía de las revoluciones.[22] Los bolcheviques, se ha dicho a menudo, son puritanos o jacobinos que han triunfado, es decir, que han conservado el poder. También ellos dicen o piensan que solo los puros salvarán la Revolución. También ellos, cuando encarnan el Estado, deniegan la libertad que exigían a sus enemigos en el poder. También ellos son apóstoles del «despotismo de la libertad», una contradicción lógica que el historiador explica sin demasiada dificultad, ya que las drásticas transformaciones sociales, aunque posteriormente favorezcan la

---

22. Crane Brinton, *The Anatomy of Revolution* (ed. rev.), Prentice-Hall, Nueva York, 1952.

democracia, excluyen en una primera fase los métodos democráticos. La sociedad revolucionaria impone a sus militantes la ruptura de todos los demás vínculos: la familia, la profesión, nada cuenta frente a la verdadera fe —en Dios o en la sociedad sin clases— y a la acción auténtica, para la salvación individual o colectiva. En la medida en que se mantienen esta actitud y estas creencias, el hombre corriente se ve, de hecho, según el análisis de Arendt, sacrificado a leyes misteriosas, aislado de las comunidades cercanas, sometido a un terror que se confunde no con la voluntad arbitraria de una sola persona, sino con una especie de fatalidad.

Se dirá que el paroxismo revolucionario, ese que analiza Crane Brinton, no puede prolongarse durante varias décadas. En realidad, el bolchevismo supone una novedad indiscutible, si no radical, en comparación con otras sociedades revolucionarias. Apuntando más allá que los puritanos y jacobinos, situando la Tierra Prometida al final de un desarrollo histórico, prometiendo igualdad económica y abundancia para todos, implica y justifica una revolución prolongada, llamando edificación socialista al desarrollo de las fuerzas productivas. La acumulación de capital, o la occidentalización técnica, bajo la dirección de una secta revolucionaria, da lugar a esa mezcla de terror e ideología, característica del reinado de los extremistas.

Al mismo tiempo, la edificación social bajo el impulso del Estado retoma una tradición rusa —el Partido Comunista es un Pedro el Grande colectivo, según la fórmula de Élie Halévy—[23] y reconstituye una burocracia, tanto administrativa como técnica, ampliada de manera desmedida en comparación con la del zarismo. La burocracia estalinista se asegura poco a poco ventajas materiales, prestigio y signos externos de jerarquía, imitados de la burocracia tradicional. La ideología revolucionaria —la religión secular— termina desempeñando, en beneficio del secretario general del partido, el mismo papel que la religión ortodoxa desempeñaba en beneficio de los zares. El cesaropapismo renace y el intérprete de la Historia se convierte en el Papa Emperador.

23. Élie Halévy, *Histoire du socialisme européen*, Gallimard, París, 1948. La fórmula había sido empleada por Alekséi Tolstói en su novela *Pedro I*, cuyas tres partes fueron publicadas en 1930, 1934 y 1943.

¿Cuál es la duración esperable del totalitarismo?

El fenómeno totalitario, por lo tanto, conlleva múltiples interpretaciones porque tiene múltiples causas. El método que intenta captar su esencia no es ilegítimo, siempre y cuando no descuide los métodos complementarios. De lo contrario, nos privamos de plantearnos una pregunta, quizá la más importante: ¿cuál es la duración prometida del totalitarismo? ¿Es un acompañamiento temporal y patológico de determinadas transformaciones? ¿O bien, a pesar de su absurdidad intrínseca, es susceptible de prologarse en una especie de deshumanización permanente de las sociedades humanas? George Orwell, en su libro *1984*, sugirió una tesis sociológica: el partido único, la burocracia autoritaria, la ortodoxia del Estado, los planes de inversión, las privaciones para todos, el condicionamiento psicológico de las víctimas son susceptibles de conformar un sistema con la sociedad industrial. Mientras que el progreso de la productividad ofrecería por primera vez en la historia la posibilidad de no basar la cultura superior en la miseria de la mayoría, el régimen totalitario mantiene la guerra y el despotismo para reservar de nuevo a una minoría los beneficios de la civilización. En este caso, el totalitarismo no estaría vinculado a una fase de edificación ni sería imputable al peso del pasado propiamente ruso, sino a la superestructura político-ideológica de una economía planificada moderna.

En su último libro, por el contrario, Isaac Deutscher afirma que la barbarie estalinista ha constituido el método, más o menos inevitable, para erradicar la barbarie rusa, y que no sobrevivirá a la occidentalización técnica del país. El estalinismo, a través de sus obras, destruiría sus propios cimientos.

Se podrían formular muchas objeciones tanto a la tesis como a la forma en que se presenta. A pesar de todo, surge la pregunta decisiva: ¿no tiende la industrialización de la sociedad, por sí misma, a socavar los cimientos del estalinismo? Para empezar, señalaré una distinción, implícita en el libro de Arendt, entre el despotismo burocrático y la planificación económica, por un lado, y el totalitarismo (ideología y terror), por el otro. El progreso económico tiende por sí mismo a eliminar o atenuar lo segundo, pero no excluye en absoluto el despotismo burocrático y la planificación económica.

A medida que aumenta el nivel intelectual de la elite social y se estabiliza una burguesía burocrática, se hace cada vez más difícil mantener el terror y el fanatismo ideológico, porque ambas cosas van en contra de las aspiraciones espontáneas de la población y porque el partido, cuyos miembros son reclutados cada vez más entre los técnicos y los privilegiados, pierde inevitablemente el fanatismo y la pureza de la secta. Pero, por otra parte, el despotismo burocrático sigue siendo la superestructura más conveniente para una economía totalmente planificada del tipo soviético. Es dudoso que se puedan introducir procedimientos electorales bajo tal régimen, a menos que se produzca un aumento imprevisible de los recursos disponibles. Ahora bien, una burocracia autoritaria no puede prescindir por completo de una ideología justificadora, y esta siempre corre el riesgo de reavivar las crisis revolucionarias.

En un análisis más profundo, habría que tener en cuenta múltiples factores: ¿logrará alguno de los sucesores erigirse en líder absoluto, es decir, eliminar a sus rivales o convencerlos a ellos y a las masas de que es capaz de eliminarlos? ¿Cuál será la evolución del conflicto internacional? ¿Qué influencia ejercerá la revolución china sobre el régimen ruso? Hay demasiadas causas diversas en juego, pueden intervenir demasiados accidentes o personas, como para que sea legítimo formular previsiones. Los fenómenos totalitarios, tal como los conocimos en la primera mitad del siglo xx, estaban vinculados al mismo tiempo a un partido revolucionario, a una burocracia autoritaria y a acontecimientos extremos, como la guerra o la acumulación frenética de capital. No tenemos experiencia en el retorno a la vida cotidiana tras una revolución totalitaria. Y esa falta de experiencia nos obliga a ser prudentes en nuestras previsiones. Pero no nos impide esperar que, ante la furia de las masas abandonadas y de los semiintelectuales sin fe, haya otra salida que no consista en la catástrofe apocalíptica.

Sería un error dar por sentado el hecho de la sinrazón humana.

BIBLIOGRAFÍA

OBRAS DE RAYMOND ARON
EN CASTELLANO

Obras publicadas originalmente en vida
del autor

La sociología alemana contemporánea (1935), trad. Carlos
A. Fayard, Paidós, Buenos Aires, 1965.

*Introducción a la filosofía de la historia. Ensayo sobre los
límites de la objetividad histórica* (1938), trad. Ángela
H. de Gaos, Losada, Buenos Aires, 2006.

El opio de los intelectuales (1955), trad. Luis González
Castro, Página Indómita, Barcelona, 2018.

Dimensiones de la conciencia histórica (1961), trad. Luis
González Castro, Página Indómita, Barcelona, 2017.

*La definición liberal de la libertad. Crítica de la obra de
F. A. Hayek* (1961), pról. Gwendal Châton, trad. Luis
González Castro, Página Indómita, Barcelona, 2024.

Paz y guerra entre las naciones (1962) trad. de Luis Cuervo y
María del Carmen Ruiz de Elvira, Alianza, Madrid, 1985.

Dieciocho lecciones sobre la sociedad industrial (1962), trad. Antonio Valiente, Seix Barral, Barcelona, 1971.

El gran debate. Iniciación a la estrategia atómica (1963), trad. Conrad Niell i Sureda, Editorial Hispano Europea, Barcelona, 1967.

La lucha de clases (1964), trad. Antonio Valiente, Seix Barral, Barcelona, 1971.

Democracia y totalitarismo (1965), trad. Luis González Castro, Página Indómita, Barcelona, 2017.

Ensayo sobre las libertades (1965), trad. Ricardo Ciudad Andreu, Alianza, Madrid, 2017.

Tres ensayos sobre la era industrial (1966), trad. Ángel Abad, Edima, Barcelona, 1967.

Las etapas del pensamiento sociológico (1967), trad. Carmen García Trevijano, Tecnos, Madrid, 2015.

La revolución estudiantil (1968), trad. José María Llanos y Enrique Villa, Desclée de Brouwer, Bilbao, 1970.

La libertad, ¿liberal o libertaria? La Nueva Izquierda y las revueltas del 68 (1969), trad. Luis González Castro, Página Indómita, Barcelona, 2018.

Progreso y desilusión. La dialéctica de la sociedad moderna (1969), trad. Julieta Sucre, Monte Ávila Editores, Caracas, 1969.

Estudios políticos (1972), trad. María Antonia Neira de Bigorra, Fondo de Cultura Económica, Ciudad de México, 1997.

Historia y dialéctica de la violencia (1973), trad. Oswaldo Barreto, Monte Ávila Editores, Caracas, 1975.

La republica imperial. Los Estados Unidos en el mundo, 1945-1972 (1973), trad. Demetrio Nanez, Alianza, Madrid, 1976.

Pensar la guerra: Clausewitz (1976), trad. Brigitte de Lacoste de Laval, Ministerio de Defensa, Madrid, 1993.

En defensa de la libertad y de la Europa liberal (1977), trad. Horacio González Trejo, Argos, Barcelona, 1977.

El observador comprometido. Conversaciones con Jean-Louis Missika y Dominique Wolton (1981), trad. Luis González Castro, Página Indómita, Barcelona, 2019.

Memorias. Medio siglo de reflexión política (1983), pról. Nicolas Baverez y Tzvetan Todorov, trad. Elisenda Julibert, RBA, Barcelona, 2013.

Obras póstumas

Los últimos años del siglo (1984), pról. Pierre Hassner, trad. Mauro Armiño, Planeta, Barcelona, 1994.

Sobre Clausewitz (1987), pról. Pierre Hassner, trad. Herber Cardoso, Nueva Visión, Buenos Aires, 2009.

Estudios sociológicos (1988), trad. Rosendo Ferrán, Espasa-Calpe, Madrid, 1989.

Lecciones sobre la historia. Cursos del College de France (1989), ed. Sylvie Mesure, pról. Soledad Loaeza, trad. Sergio René Madero Báez, Fondo de Cultura Económica, Ciudad de México, 2001.

Introducción a la filosofía política. Democracia y revolución (1997), ed. y pról. Jean-Claude Casanova, trad. Luis González Castro, Página Indómita, Barcelona, 2015.

El marxismo de Marx (2002), pról. Jean-Claude Casanova y Christian Bachelier, trad. Adolfo Alfredo Negrotto, Siglo XXI, Madrid, 2010.

Libertad e igualdad. Conferencia en el Collège de France (2013), ed. y pról. Pierre Manent, trad. Luis González Castro, Página Indómita, Barcelona, 2021.

OBRAS DE HANNAH ARENDT
EN CASTELLANO

Obras publicadas originalmente en vida de la autora

El concepto de amor en San Agustín (1929), trad. Agustín Serrano de Haro, Encuentro, Madrid, 2009.

La tradición oculta (1943, 1976), trad. Rosa María Sala Carbó y Vicente Gómez Ibáñez, Paidós, Barcelona, 2004.

Nosotros, refugiados (1943), ed. Donatella Di Cesare, trad. Lidia Suárez Armaroli, Altamarea, Madrid, 2024.

Los orígenes del totalitarismo (1951), pról. Salvador Giner, trad. Guillermo Solana, Alianza, Madrid, 2006.

Rahel Varnhagen. Vida de una mujer judía (1958), trad. Daniel Najmías, Lumen, Barcelona, 2000.

La condición humana (1958), trad. Ramón Gil, Paidós, Barcelona, 1993.

¿Qué es la autoridad? (1958, 1961), trad. Roberto Ramos Fontecoba, Página Indómita, Barcelona, 2024.

Libertad y política. Una conferencia (1960), ed. Jerome Kohn, trad. Roberto Ramos Fontecoba, Página Indómita, Barcelona, 2023.

¿Qué es la libertad? (1961), pról. Vicente Ordóñez Roig, trad. Ana Poljak, Altamarea, Madrid, 2025.

Entre el pasado y el futuro. Ocho ejercicios sobre la reflexión política (1961, 1968), trad. Ana Poljak, Península, Barcelona, 1993.

Sobre la revolución (1963), trad. Pedro Bravo, Alianza, Madrid, 2004.

Eichmann en Jerusalén. Un estudio sobre la banalidad del mal (1963), trad. Carlos Ribalta, Lumen, Barcelona, 2003.

Hombres en tiempos de oscuridad (1968), trad. Claudia Ferrari, Gedisa, Barcelona, 1990.

Sobre la violencia (1970), trad. Guillermo Solana, Alianza, Madrid, 2005.

Desobediencia civil (1970), pról. Nuria Sánchez Madrid, trad. Carmen Criado, Alianza, Madrid, 2022.

Sobre la desobediencia civil (1970), trad. Roberto Ramos Fontecoba, Página Indómita, Barcelona, 2025.

La mentira en política (1971), pról. Nuria Sánchez Madrid, trad. Carmen Criado, Alianza, Madrid, 2022.

Crisis de la República (1972), trad. Guillermo Solana, Trotta, Madrid, 2015.

Verdad y mentira en la política (1972), trad. Roberto Ramos Fontecoba, Página Indómita, Barcelona, 2017.

OBRAS PÓSTUMAS

Una revisión de la historia judía y otros ensayos (1978), ed. Ron H. Feldman, trad. Fina Birulés, Paidós, Barcelona, 2005.

La vida del espíritu (1978), ed. Mary McCarthy, trad. Fina Birulés y Carmen Corral Santos, Paidós, Barcelona, 2002.

En el presente. Ensayos políticos (1986), trad. Roberto Ramos Fontecoba, Página Indómita, Barcelona, 2017.

Conferencias sobre la filosofía política de Kant (1989), ed. Ronald Beiner, trad. Carmen Corral Santos, Paidós, Barcelona, 2008.

¿Qué es la política? (1993), ed. Ursula Ludz, trad. Rosa María Sala Carbó, Paidós, Barcelona, 1997.

De la historia a la acción (1995), trad. Fina Birulés, Paidós, Barcelona, 1995.

Entre amigas. Correspondencia entre Hannah Arendt y Mary McCarthy, 1949-1975 (1996), ed. Carol Brightman, trad. Ana María Becciú, Lumen, Barcelona, 1998.

Lo que quiero es comprender. Sobre mi vida y mi obra

(1996), ed. Ursula Ludz, trad. Manuel Abella y José Luis López de Lizaga, Trotta, Madrid, 2010.

Hannah Arendt / Martin Heidegger. Correspondencia 1925-1975 (1999), ed. Ursula Ludz, trad. Adan Kovacsics, Herder, Barcelona, 2000.

Karl Marx y la tradición del pensamiento político occidental (2002), ed. Jerome Kohn, trad. Marina López y Agustín Serrano de Haro, Encuentro, Madrid, 2007.

Diario filosófico, 1950-1973 (2002), ed. Ursula Ludz, trad. Raúl Gabás, Herder, Barcelona, 2006.

Ensayos de comprensión, 1930-1954. Formación, exilio y totalitarismo (2005), ed. Jerome Kohn, trad. Roberto Ramos Fontecoba, Página Indómita, Barcelona, 2018.

Responsabilidad y juicio (2005), ed. Jerome Kohn, trad. Miguel Candel y Fina Birulés, Paidós, Barcelona, 2007.

Eichmann y el Holocausto (2005), trad. Carlos Ribalta, Taurus, Madrid, 2012.

La promesa de la política (2007), ed. Jerome Kohn, trad. Eduardo Cañas, Paidós, Barcelona, 2008.

Escritos judíos (2008), ed. Jerome Kohn y Ron H. Feldman, trad. Eduardo Cañas, Rosa María Sala Carbó, Vicente Gómez Ibáñez y Miguel Candel Sanmartín, Paidós, Barcelona, 2009.

La última entrevista y otras conversaciones (2013), trad.

Ana González Castro y Diego Ruiz Oliveira, Página Indómita, Barcelona, 2016.

Más allá de la filosofía. Escritos sobre cultura, arte y literatura (2014), ed. Fina Birulés y Angela Lorena Fuster, trad. Ernesto Rubio, Trotta, Madrid, 2014.

Poemas (2015), trad. Alberto Ciria, Herder, Barcelona, 2017.

Tradición y política. Correspondencia entre Hannah Arendt y Gershom Scholem 1939-1964 (2017), ed. Marie Luise Knott, Trotta, Madrid, 2018.

¿Qué es la filosofía de la existencia? (2018), ed. y trad. Agustín Serrano de Haro, Biblioteca Nueva, Madrid, 2018.

La libertad de ser libres (2018), trad. Teófilo de Lozoya y Juan Rabasseda, Taurus, Madrid, 2018.

Pensar sin asideros. Ensayos de comprensión, 1953-1975 (2018), ed. Jerome Kohn, trad. Roberto Ramos Fontecoba, Página Indómita, Barcelona, 2019.

La pluralidad del mundo (2019), ed. Andreu Jaume, trad. Manuel Abella, José Luis López de Lizaga *et al.*, Taurus, Madrid, 2019.

Responsabilidad personal y colectiva, ed. Jerome Kohn, trad. Roberto Ramos Fontecoba, Página Indómita, Barcelona, 2020.

El valor de pensar (2021), ed. Adolfo García Ortega, trad.

Vicente Gómez, Miguel Candel, Roberto Ramos Fontecoba *et al.*, Paidós, Barcelona, 2021.

Sobre Palestina (2024), ed. Thomas Meyer, trad. Joaquín Chamorro, Taurus, Barcelona, 2025.

Sobre la naturaleza del totalitarismo (2025), ed. Jerome Kohn, trad. Roberto Ramos Fontecoba, Página Indómita, Barcelona, 2025.

ESTA PRIMERA EDICIÓN

DE «LA ESENCIA DEL TOTALITARISMO»,

DE RAYMOND ARON,

SE TERMINÓ DE IMPRIMIR EN BARCELONA

EN EL MES DE NOVIEMBRE

DE 2025

TÍTULOS PUBLICADOS